Today is a new day start it with
BISM1LA
end it wi
ALHAMDOUI

D1124685

This Journal
Belong To :

. . . .

My Umrah Journey

From .... Until ....

YA ALLAH

Planing

WHEN :	LOCATION :

TRANSPORTATION :	NOTES:

Packing List

CLOTHING

☐ Long-sleeved shirts

☐ Comfortable walking shoes

☐

☐

☐

☐

☐

☐

☐

☐

☐

☐

☐

☐

☐

ÉLECTRONICS

☐ PHONE CHARGER

☐

☐

☐

☐

☐

ACCESSOIRIES

☐ CAMERA

☐

☐

☐

☐

☐

☐

☐

Packing List

DOCUMENTS

☐ PASSPORT

☐

☐

☐

☐

☐

☐

☐

☐

☐

TOILETTERIES

☐ Toothbrush, toothpaste,

☐

☐

☐

☐

HEALTH

☐ Diarrhea/laxative medicines

☐

☐

☐

☐

☐

☐

OTHERS

☐

☐

☐

☐

☐

☐

☐

☐

List of things to do before you travel

☐ Get the right visas

☐ Charge your electronics before you leave

☐ Print copies of your accommodation reservation

☐ Bring some snacks for the airplane or airport

☐ Always carry a small amount of cash with you

☐

☐

☐

☐

☐

☐

☐

☐

☐

☐

☐

☐

LIST OF THINGS TO DO
BEFORE YOU TRAVEL

- ☐
- ☐
- ☐
- ☐
- ☐
- ☐
- ☐
- ☐
- ☐
- ☐
- ☐
- ☐
- ☐
- ☐
- ☐
- ☐
- ☐

LOCATIONS TO VISIT

- ☐ Mount Arafat
- ☐ Station of Ibrahim
- ☐ Makkah Mall
- ☐ Jabal al-Nour
- ☐ Kaaba
- ☐
- ☐
- ☐
- ☐
- ☐
- ☐
- ☐
- ☐
- ☐
- ☐
- ☐

LOCATIONS TO VISIT

Daily Agenda

DATE :   LOCATION:

HOUR	ACTIVITIES:

PRAYER/SALAT TODAY

Date: ....

Fajr:

Dhuhr:

Asr:

Maghrib:

Isha:

Ayah For Today

Hadith For Today

Dua For Today

Today I am Thankful For

To Do (inshaALLAH)

Date:

☐ _____

☐ _____

☐ _____

☐ _____

☐ _____

☐ _____

☐ _____

☐ _____

☐ _____

☐ _____

☐ _____

☐ _____

NOTES

Date:

Daily Agenda

DATE :   LOCATION:

HOUR	ACTIVITIES:

PRAYER/SALAT TODAY

Date: ....

Fajr:

Dhuhr:

Asr:

Maghrib:

Isha:

Ayah For Today

Hadith For Today

Dua For Today

Today, I am Thankful For

To Do (inshaALLAH)

Date:

- ☐ _____
- ☐ _____
- ☐ _____

- ☐ _____
- ☐ _____
- ☐ _____

- ☐ _____
- ☐ _____
- ☐ _____

- ☐ _____
- ☐ _____
- ☐ _____

NOTES

Date:

_____

_____

_____

_____

_____

_____

_____

_____

_____

_____

Daily Agenda

DATE :   LOCATION:

HOUR	ACTIVITIES:

PRAYER/SALAT TODAY

Date: ....

Fajr:

Dhuhr:

Asr:

Maghrib:

Isha:

Ayah For Today

_____

_____

_____

Hadith For Today

_____

_____

_____

Dua For Today

_____

_____

_____

Today I am Thankful For

_____

_____

_____

To Do (inshaALLAH)

Date:

- [ ] _____
- [ ] _____
- [ ] _____

- [ ] _____
- [ ] _____
- [ ] _____

- [ ] _____
- [ ] _____
- [ ] _____

- [ ] _____
- [ ] _____
- [ ] _____

NOTES

Date:

Daily Agenda

DATE :   LOCATION:

HOUR	ACTIVITIES:

PRAYER/SALAT TODAY

Date: ....

Fajr:

Dhuhr:

Asr:

Maghrib:

Isha:

Ayah For Today

_____

_____

_____

Hadith For Today

_____

_____

_____

Dua For Today

_____

_____

_____

Today I am Thankful For

_____

_____

_____

To Do (inshaALLAH)

Date:

- ☐ _____
- ☐ _____
- ☐ _____

- ☐ _____
- ☐ _____
- ☐ _____

- ☐ _____
- ☐ _____
- ☐ _____

- ☐ _____
- ☐ _____
- ☐ _____

NOTES

Date:

Daily Agenda

DATE :   LOCATION:

HOUR	ACTIVITIES:

PRAYER/SALAT TODAY

Date: ....

Fajr:

Dhuhr:

Asr:

Maghrib:

Isha:

Ayah For Today

_____

_____

_____

Hadith For Today

_____

_____

_____

Dua For Today

_____

_____

_____

Today I am Thankful For

_____

_____

_____

To Do (inshaALLAH)

Date:

- ☐ _____
- ☐ _____
- ☐ _____

- ☐ _____
- ☐ _____
- ☐ _____

- ☐ _____
- ☐ _____
- ☐ _____

- ☐ _____
- ☐ _____
- ☐ _____

NOTES

Date:

Daily Agenda

DATE :   LOCATION:

HOUR	ACTIVITIES:

PRAYER/SALAT TODAY

Date: ....

Fajr:

Dhuhr:

Asr:

Maghrib:

Isha:

Ayah For Today

_____

_____

_____

Hadith For Today

_____

_____

_____

Dua For Today

_____

_____

_____

Today I am Thankful For

_____

_____

_____

To Do (inshaALLAH)

Date:

- ☐ _____
- ☐ _____
- ☐ _____
- ☐ _____
- ☐ _____
- ☐ _____
- ☐ _____
- ☐ _____
- ☐ _____
- ☐ _____
- ☐ _____
- ☐ _____

NOTES

Date:

Daily Agenda

DATE : _____   LOCATION: _____

HOUR	ACTIVITIES:

PRAYER/SALAT TODAY

Date: ....

Fajr: ☐

Dhuhr: ☐

Asr: ☐

Maghrib: ☐

Isha: ☐

Ayah For Today

_____

_____

_____

Hadith For Today

_____

_____

_____

Dua For Today

_____

_____

_____

Today I am Thankful For

_____

_____

_____

To Do (inshaALLAH)

Date: _____

- ☐ _____
- ☐ _____
- ☐ _____

- ☐ _____
- ☐ _____
- ☐ _____

- ☐ _____
- ☐ _____
- ☐ _____

- ☐ _____
- ☐ _____
- ☐ _____

NOTES

Date:

Daily Agenda

DATE :   LOCATION:

HOUR	ACTIVITIES:

PRAYER/SALAT TODAY

Date: ....

Fajr:

Dhuhr:

Asr:

Maghrib:

Isha:

Ayah For Today

_____

_____

_____

Hadith For Today

_____

_____

_____

Dua For Today

_____

_____

_____

Today I am Thankful For

_____

_____

_____

To Do (inshaALLAH)

Date:

- ☐ _____
- ☐ _____
- ☐ _____
- ☐ _____
- ☐ _____
- ☐ _____
- ☐ _____
- ☐ _____
- ☐ _____
- ☐ _____
- ☐ _____
- ☐ _____

NOTES

Date:

_____

_____

_____

_____

_____

_____

_____

_____

_____

_____

_____

Daily Agenda

DATE :   LOCATION:

HOUR	ACTIVITIES:

PRAYER/SALAT TODAY

Date: ....

Fajr:

Dhuhr:

Asr:

Maghrib:

Isha:

Ayah For Today

_____

_____

_____

Hadith For Today

_____

_____

_____

Dua For Today

_____

_____

_____

Today I am Thankful For

_____

_____

_____

To Do (inshaALLAH)

Date:

- [ ] _____
- [ ] _____
- [ ] _____

- [ ] _____
- [ ] _____
- [ ] _____

- [ ] _____
- [ ] _____
- [ ] _____

- [ ] _____
- [ ] _____
- [ ] _____

NOTES

Date:

Daily Agenda

DATE :   LOCATION:

HOUR	ACTIVITIES:

PRAYER/SALAT TODAY

Date: ....

Fajr:

Dhuhr:

Asr:

Maghrib:

Isha:

Ayah For Today

_____

_____

_____

Hadith For Today

_____

_____

_____

Dua For Today

_____

_____

_____

Today I am Thankful For

_____

_____

_____

To Do (inshaALLAH)

Date:

- ☐ _____
- ☐ _____
- ☐ _____

- ☐ _____
- ☐ _____
- ☐ _____

- ☐ _____
- ☐ _____
- ☐ _____

- ☐ _____
- ☐ _____
- ☐ _____

NOTES

Date:

Daily Agenda

DATE :   LOCATION:

HOUR	ACTIVITIES:

PRAYER/SALAT TODAY

Date: ....

Fajr:

Dhuhr:

Asr:

Maghrib:

Isha:

Ayah For Today

_____

_____

_____

Hadith For Today

_____

_____

_____

Dua For Today

_____

_____

_____

Today, I am Thankful For

_____

_____

_____

To Do (inshaALLAH)

Date:

- [ ] _____
- [ ] _____
- [ ] _____
- [ ] _____
- [ ] _____
- [ ] _____
- [ ] _____
- [ ] _____
- [ ] _____
- [ ] _____
- [ ] _____
- [ ] _____

NOTES

Date:

_____

_____

_____

_____

_____

_____

_____

_____

_____

_____

_____

Daily Agenda

DATE :   LOCATION:

HOUR	ACTIVITIES:

PRAYER/SALAT TODAY

Date: ....

Fajr:

Dhuhr:

Asr:

Maghrib:

Isha:

Ayah For Today

Hadith For Today

Dua For Today

Today I am Thankful For

To Do (inshaALLAH)

Date:

- [ ] _____
- [ ] _____
- [ ] _____

- [ ] _____
- [ ] _____
- [ ] _____

- [ ] _____
- [ ] _____
- [ ] _____

- [ ] _____
- [ ] _____
- [ ] _____

NOTES

Date:

Daily Agenda

DATE :   LOCATION:

HOUR	ACTIVITIES:

PRAYER/SALAT TODAY

Date: ....

Fajr:

Dhuhr:

Asr:

Maghrib:

Isha:

Ayah For Today

_____

_____

_____

Hadith For Today

_____

_____

_____

Dua For Today

_____

_____

_____

Today I am Thankful For

_____

_____

_____

To Do (inshaALLAH)

Date:

- [ ] _____
- [ ] _____
- [ ] _____

- [ ] _____
- [ ] _____
- [ ] _____

- [ ] _____
- [ ] _____
- [ ] _____

- [ ] _____
- [ ] _____
- [ ] _____

NOTES

Date:

Daily Agenda

DATE :   LOCATION:

HOUR	ACTIVITIES:

PRAYER/SALAT
TODAY

Date: ....

Fajr:

Dhuhr:

Asr:

Maghrib:

Isha:

Ayah For Today

_____

_____

_____

Hadith For Today

_____

_____

_____

Dua For Today

_____

_____

_____

Today I am Thankful For

_____

_____

_____

To Do (inshaALLAH)

Date: _____

☐ _____

☐ _____

☐ _____

☐ _____

☐ _____

☐ _____

☐ _____

☐ _____

☐ _____

☐ _____

☐ _____

☐ _____

NOTES

Date:

_____

_____

_____

_____

_____

_____

_____

_____

_____

_____

Daily Agenda

DATE :   LOCATION:

HOUR	ACTIVITIES:

PRAYER/SALAT TODAY

Date: ....

Fajr:

Dhuhr:

Asr:

Maghrib:

Isha:

Ayah For Today

_____

_____

_____

Hadith For Today

_____

_____

_____

Dua For Today

_____

_____

_____

Today, I am Thankful For

_____

_____

_____

To Do (inshaALLAH)

Date:

- [ ] _____
- [ ] _____
- [ ] _____
- [ ] _____
- [ ] _____
- [ ] _____
- [ ] _____
- [ ] _____
- [ ] _____
- [ ] _____
- [ ] _____
- [ ] _____

NOTES

Date:

_____

_____

_____

_____

_____

_____

_____

_____

_____

_____

_____

Daily Agenda

DATE :   LOCATION:

HOUR	ACTIVITIES:

PRAYER/SALAT TODAY

Date: ....

Fajr:

Dhuhr:

Asr:

Maghrib:

Isha:

Ayah For Today

Hadith For Today

Dua For Today

Today I am Thankful For

To Do (inshaALLAH)

Date:

- ☐ _____
- ☐ _____
- ☐ _____

- ☐ _____
- ☐ _____
- ☐ _____

- ☐ _____
- ☐ _____
- ☐ _____

- ☐ _____
- ☐ _____
- ☐ _____

NOTES

Date:

Daily Agenda

DATE :   LOCATION:

HOUR	ACTIVITIES:

PRAYER/SALAT TODAY

Date: ....

Fajr:

Dhuhr:

Asr:

Maghrib:

Isha:

Ayah For Today

Hadith For Today

Dua For Today

Today, I am Thankful For

To Do (inshaALLAH)

Date:

- ☐ _____
- ☐ _____
- ☐ _____
- ☐ _____
- ☐ _____
- ☐ _____
- ☐ _____
- ☐ _____
- ☐ _____
- ☐ _____
- ☐ _____
- ☐ _____

NOTES

Date:

Daily Agenda

DATE :   LOCATION:

HOUR	ACTIVITIES:

PRAYER/SALAT TODAY

Date: ....

Fajr:

Dhuhr:

Asr:

Maghrib:

Isha:

Ayah For Today

_____

_____

_____

Hadith For Today

_____

_____

_____

Dua For Today

_____

_____

_____

Today I am Thankful For

_____

_____

_____

To Do (inshaALLAH)

Date:

- ☐ _____
- ☐ _____
- ☐ _____

- ☐ _____
- ☐ _____
- ☐ _____

- ☐ _____
- ☐ _____
- ☐ _____

- ☐ _____
- ☐ _____
- ☐ _____

NOTES

Date:

_____

_____

_____

_____

_____

_____

_____

_____

_____

_____

_____

Daily Agenda

DATE :   LOCATION:

HOUR	ACTIVITIES:

PRAYER/SALAT TODAY

Date: ....

Fajr:

Dhuhr:

Asr:

Maghrib:

Isha:

Ayah For Today

_____

_____

_____

Hadith For Today

_____

_____

_____

Dua For Today

_____

_____

_____

Today, I am Thankful For

_____

_____

_____

To Do (inshaALLAH)

Date:

- [ ] _____
- [ ] _____
- [ ] _____

- [ ] _____
- [ ] _____
- [ ] _____

- [ ] _____
- [ ] _____
- [ ] _____

- [ ] _____
- [ ] _____
- [ ] _____

NOTES

Date:

Daily Agenda

DATE :   LOCATION:

HOUR	ACTIVITIES:

PRAYER/SALAT TODAY

Date: ....

Fajr:

Dhuhr:

Asr:

Maghrib:

Isha:

Ayah For Today

_____

_____

_____

Hadith For Today

_____

_____

_____

Dua For Today

_____

_____

_____

Today, I am Thankful For

_____

_____

_____

To Do (inshaALLAH)

Date:

- [ ] _____
- [ ] _____
- [ ] _____

- [ ] _____
- [ ] _____
- [ ] _____

- [ ] _____
- [ ] _____
- [ ] _____

- [ ] _____
- [ ] _____
- [ ] _____

NOTES

Date:

Daily Agenda

DATE :   LOCATION:

HOUR	ACTIVITIES:

PRAYER/SALAT TODAY

Date: ....

Fajr:

Dhuhr:

Asr:

Maghrib:

Isha:

Ayah For Today

_____

_____

_____

Hadith For Today

_____

_____

_____

Dua For Today

_____

_____

_____

Today, I am Thankful For

_____

_____

_____

To Do (inshaALLAH)

Date:

- ☐ _____
- ☐ _____
- ☐ _____
- ☐ _____
- ☐ _____
- ☐ _____
- ☐ _____
- ☐ _____
- ☐ _____
- ☐ _____
- ☐ _____
- ☐ _____

NOTES

Date:

Made in the USA
Coppell, TX
14 January 2023

11106187R00067